AF142962

Nicole Durand

NOS AMIES LES BÊTES

Poèmes

DES ANIMAUX DE NOS CONTRÉES

MA CHATTE

Elle a passé seize ans de sa vie
Contre moi, blottie.
Elle m'a consolée
Lorsque mon travail s'est arrêté :
Au coin du feu,
Elle se pelotonnait au creux
De moi et mon chagrin
S'en allait au loin.
Elle prenait des poses de féline
Sur le divan, dans la cuisine.
Je la garde dans mon cœur
Elle m'a apporté le bonheur.

OLYMPE

Ma mère vivait seule avec bonheur
À la campagne, sans peur
Grâce à sa chienne Olympe
Qui sur ses genoux grimpe
Cette bergère allemande
Veillait sur elle, à sa demande ;
Elle aimait se promener
Avec les chats, s'amuser.
Ma mère a pu vivre longtemps
Grâce à cet animal prévenant
La chienne ne lui a survécu
Qu'après quatre mois révolus.

LA COCCINELLE

La coccinelle ou « bête à bon Dieu »
Ravit nos yeux.
On peut l'entrevoir,
Rouge à sept points noirs.
Elle nous rend heureux
Avec sa robe couleur feue.
Lorsqu'on la voit dans le jardin
On sait que les légumes seront pour demain.
Elle dévore les pucerons des fleurs
Pour leur plus grand malheur.
Utile et colorée,
Avec regret, nous la voyons s'envoler.

LE PETIT ÂNE

« Platero y yo », l'histoire d'un petit âne
A bercé mon enfance.
Il prenait le frais sous les platanes
Lorsque la chaleur était intense.
Il aimait particulièrement les bananes
Présentées dans un panier à anse.
Les enfants n'étaient pas en panne
De caresses, malgré leur impertinence :
Ils lui lançaient des « vannes »
Mais lui avait de l'indulgence.
Il portait Jeanne
Avec magnificence.

LES SOURIS DES MOISSONS

Les souris des moissons
Sentinelles de la biodiversité
Se déplacent par bonds
Au bord des blés.
Elles se régalent pour de bon
Mais la récolte est peu entamée.
Cependant, elles mourront
Avec du blé empoisonné.
Pourtant, d'autres vivront
Là où la nature est protégée :
Les souris des moissons
Gardent le sol aéré.

LA FOUINE

La fouine a un pelage doux et brun
Avec un jabot blanc ; elle n'a pas de parfum.
Elle est courte sur pattes avec de petites oreilles pointues
Et elle émet des cris aigus.
C'est un petit animal curieux, mal aimé
Car elle hante les greniers où elle peut s'agiter
Elle vit surtout la nuit, mange des oiseaux
Grignote les câbles sous les capots
Sous l'œil marri
Des propriétaires en furie.
Elle peut faire des ravages
Auprès des poules en rage.

LES LAPINS

Dans nos bois touffus
Les lapins de garenne étaient attendus.
On les attrapait au collet
Un genre de lacet discret.
Les lapins domestiques, dans leurs clapiers
Étaient aussi du gibier.
Leur caractère placide
Plaisait aux enfants timides.
Mes filles s'amusaient avec eux :
C'était un temps heureux.
Elles les transportaient dans la maison
Et leur chantaient des chansons.

LE COCHON

Cet animal familier
Devient cochon truffier
Il marche sur la pointe des pieds.
Dans les Pyrénées, le porc noir
Se prélasse près de l'abreuvoir
Où il s'attelle à boire.
À Beer-Sheba
Leur litière ne sent pas
Balayée par un soleil qui ne faiblit pas.
Le cochon peut être animal de compagnie
Ou tire-lire pour la survie
Il nous accompagne tout au long de la vie.

L'ÉCUREUIL ET L'ESCARGOT

(fable de Pâturajantiantic)

Faut s' faire valoir dit l'écureuil à l'escargot.
Tiens, moi j' grimpe aux arbres, j' me fouilles des trous,
j'suis qu'une masse grouillante d'activité ; j' fais l'amour
aux p'tites le matin(et quelquefois l'après-midi), j'cogne,
j' gratte, j'dévore et, repus, j' recommence. J'ai une
existence bien définie, tu vois ?
Si j'suis pas en train d'courir ou d'fouiller, j'me maquille
et m'empoupoune la queue pour le spectacle du soir.
Plu-z-y viennent, plu-z-y m' lancent à bouffer. Toi, c'que
tu fais ? Tu fais pipi
Dans les mains d'enfants.
T'es un bon à rien...
Tu dis jamais rien...
T'es nul.
Tu viens de créer ta
Prop' contingence.
L'escargot, par son silence dédaigneux, enflamma l'esprit
destructeur de l'écureuil qui en un élan enragé bondit
vers sa mort sur l'autoroute embouteillée au lieu de
partager l'herbe avec le triste mollusque.

LES VACHES DU MOURROUSSIN

Attablée à la cuisine
J'aperçois les vaches qui ruminent.
Elles viennent toujours
Me dire bonjour.
Elles me rappellent mon enfance
Où je les gardais avec confiance.
Elles me procurent une certaine paix
Dont je jouirai à tout jamais
Aux portes de la ville
Elles sont calmes et tranquilles.
Pour notre lotissement
Elles amènent un dépaysement.

LES FOURMIS

Les fourmis moissonneuses
Du bassin méditerranéen
Amassent des graines nombreuses
Dans des « greniers » souterrains.
Elles décortiquent et mâchent, laborieuses
Pendant plusieurs heures, chaque grain
Et obtiennent une pâte comestible, savoureuse
Appelée « pain de fourmi », qu'elles mangent le matin.
Les fourmis « formica », heureuses
Façonnent des nids malins
Constitués d'un dôme de brindilles assembleuses
Et protègent les arbres, ce n'est pas anodin
Du développement d'insectes à l'activité ravageuse.

LES ANIMAUX QUI SOIGNENT

À Castillon-Debats, dromadaire et alpagas
Côtoient un chameau, un tolu avec joie :
C'est la zoothérapie
Une alternance dans la thérapie :
Cette technique vise à utiliser
La relation entre l'homme et l'animal pour renforcer
La confiance en soi de personnes en dépression,
D'enfants en difficulté,
 Pour eux, c'est une solution.
Ces animaux venus d'ailleurs
Leur procurent du bonheur.

LE CHEVAL

Le cheval, « la plus noble conquête de l'homme »
Est pour lui comme un baume.
Il a favorisé l'expansion,
Sur de grandes étendues, de civilisations.
Il a été au service des êtres humains
Qui, grâce à lui, ont pu avoir du pain.
L'histoire, il l'a marquée
Ainsi que les progrès de l'humanité.
Des métiers sont liés à son entretien,
Il a su aussi créer des liens.
Laurence « murmure à l'oreille de son cheval »
Et avec lui, elle se régale.

LE LOUP

La peur du loup est omniprésente
Depuis l'enfance, il nous hante.
Le loup gris a une fourrure très dense
Qui le protège du froid intense.
C'est un animal puissant
Qui peut tuer les lynx en les épuisant
Avant qu'ils ne puissent s'échapper
Car ils sont tétanisés.
Ils s'attaquent aux brebis
Et les bergers sont marris.
Si les troupeaux étaient mieux protégés,
Le loup ne devrait pas être éradiqué.

LE CASTOR

Trapu et assez gras
Il se nourrit de bois.
Ses pattes et sa queue palmées
Lui permettent de bien nager.
Ingénieur très habile
Avec un mortier d'argile
Il construit des digues de troncs
D'arbres et de branches à l'abandon ;
Il bâtit une hutte de branchages
Avec sa compagne, avec laquelle, tout, il partage.
Il entretient la zone humide :
Grâce à lui, elle n'est pas vide.

LA CHEVRE

La chèvre est un animal intelligent
Attachée à son soigneur.
Cette grimpeuse adaptée aux escarpements
Rocheux, se trouve en position délicate, pour son malheur
Mais elle retrouve son équilibre, arrachant
Les feuilles avec précision, pour son bonheur.
Elle peut éliminer les broussailles alimentant
Les feux de forêt : elle est un bon « débroussailleur ».
Ses fromages, son lait nous régalent véritablement.
Elle peut montrer de la douceur
Quand on la caresse subrepticement.
Quand je la vois, s'ouvre mon cœur.

DES OISEAUX
D'ICI ET D'AILLEURS

LE BOUVREUIL

Il illumine l'hiver
De sa couleur rouge orangé.
Les haies non taillées, il préfère
Pour bien s'alimenter
Le bouvreuil est sédentaire,
Il apprécie aussi les vergers.
Au milieu de l'arbre vert,
La femelle bâtit un nid serré
Où les oisillons, bec ouvert,
Recevront leur pâtée.
Son cri nous met le cœur à l'envers
Tant il est mélancolique et léger.

LE GEAI

Le geai des chênes, c'est essentiel,
Va déterrer les glands dans les bois.
Cet oiseau devient confidentiel
En se dissimulant sous les frondaisons du sous-bois
Sentinelle de la forêt, immatériel,
Son cri strident alerte ses congénères parfois.
En ville, le plus actif, tôt le matin, passionnel,
On peut l'observer dans les parcs où il se déploie
Il nous émerveille comme un arc-en-ciel,
Ses ailes sont comme de la soie.
Le geai bleu, messager du ciel,
Serait porteur de lumière et de joie.

LES PIGEONS

Chez ma grand-mère, trônait un pigeonnier,
Rempli de pigeons ramiers.
Avec mon oncle, nous allions chercher
Le mets succulent en quantité
Quand sonnait midi,
Nous nous régalions à l'envie.
Au Maroc aussi la recette des œufs au pigeon,
Se transmettait de maison en maison
Les pigeonneaux
Sont nourris par « le lait de jabot ».
Éboueurs urbains, ils détériorent les jardins,
Ils sont alors chassés, dès le matin.

LA CHOUETTE

La chouette voit clair dans la nuit
Elle est un grand chasseur.
Strident est son cri,
Elle vole en silence, pour son bonheur
Se nourrit de rongeurs, petits,
De serpents, d'oiseaux, à toute heure.
Par les phares, éblouie,
C'est pour elle un risque majeur
Elle disparaît, sans bruit
Non sans douleur
Je n'entendrai plus mon amie :
Sa robe blanche a pâli, pour mon malheur.

LE MANCHOT EMPEREUR

Cet oiseau ne vole pas
Mais il ne désarme pas.
La femelle pond un seul œuf par an
Et le donne au mâle consentant :
Celui-ci le couve pendant deux mois, sur ses pieds,
Si l'œuf tombe, il est disqualifié.
Pendant ce temps, la mère part chercher
De la nourriture pour le nouveau-né
Celui-ci, sans plumes, doit rester au chaud
Sous sa mère, contre sa peau.
Par moins soixante-deux degrés, les manchots font la
« tortue » :
Contre le froid, elle est la bienvenue.

LA POULE D'EAU

Bec rouge, robe noire, queue blanche
La poule d'eau se déhanche
Sur les berges, subrepticement
Sous l'œil du passant.
Prompte à se réfugier dans la végétation
Elle va ensuite faire ses ablutions
Dans l'eau verte du Gers
En picorant des insectes qui errent.
Après, la poule d'eau fait son show
Auprès de ses congénères
Pour leur plaire.
Elle aura fort à faire.

LES COQS DE BEER-SHEBA

La première nuit,
Ils ont chanté à trois heures
Cette heure nous a nui
Nous leur avons suggéré de chanter à cinq heures
Ils nous ont obéi :
La deuxième nuit
Ils ont chanté à cinq heures
Jusqu'à notre départ, ils n'ont pas failli
Respectant l'heure.
Leur regard a lui
Lorsque nous sommes partis, sans heurt.
La joie a retenti.

L'ALOUETTE

Avec son plumage tantôt grisâtre
Ou tantôt brunâtre
Elle enchante la campagne
Où elle va à la gagne.
Il me revient ce chant
Que j'entonnais, enfant :
« Alouette, gentille alouette
Alouette, je te plumerai
Je te plumerai la tête
Je te plumerai la tête
Et la tête, et la tête
Et le bec, et le bec, alouette, gentille alouette ».

LA PERDRIX

Avec son plumage gris ocré
La perdrix grise se fond dans l'environnement.
Elle court pour aller se cacher
Ou elle chemine lentement
Dans l'herbe pour s'alimenter.
Quand elle se nourrit, elle est calme habituellement
Mais bruyante lors de vols groupés.
Nous les rencontrons souvent
Dans nos campagnes, les unes aux autres collées
Elles s'envolent, sous l'œil émerveillé du passant
Au printemps et en été,
La perdrix rouge se regroupe généralement.

LE MARTIN-PÊCHEUR

Sa livrée est brillante et très colorée
Bleue sur le dessus, rousse et blanche en dessous.
Il vit près de l'eau, où, sa proie repérée
Il l'ingurgite d'un seul coup
Ou il la lance en l'air et la rattrape avec agilité.
L'oiseau, très vorace, se nourrit beaucoup :
Il peut capturer soixante-dix poissons dans la journée
Qu'il pêche partout.
Cette espèce est protégée
Car les zones humides sont sous
Le seuil toléré.
Le martin-pêcheur résistera jusqu'au bout.

LA MÉSANGE

Suspendu à l'arbre, le nichoir
Sert de garde à manger
À la mésange qui vient boire
Et s'alimenter.
J'admire sa calotte noire,
Ses joues blanches, son bec court pour attraper
Les insectes. J'aimerais toujours la revoir
Sur l'arbre se régaler.
Mésanges bleues et charbonnières, sur la mangeoire
N'arrêtent pas de s'invectiver.
C'est à croire
Qu'elles ont à y gagner.

LES OISEAUX BLANCS

Les oiseaux blancs, dans le labouré.
Égayent le champ.
On ne connaît pas leur identité
Mais ils sont éblouissants.
Ils viennent picorer
Les vers de terre abondants
Près des vaches dans le pré
Ils frôlent leurs flancs.
Ensuite, ils repartiront vers de lointaines contrées
Et nous les attendrons longtemps.
Ils resteront dans nos pensées
Comme un rêve tout blanc.

L'HIRONDELLE

Elle venait nicher
Dans l'étable
Et revenait chaque année
Dans sa demeure confortable.
Elle ne se lassait pas de voler
 Autour de la maison, imperturbable
Nous la regardions avec avidité
Nous offrir un spectacle désirable.
Elle ne cessait de tourner
Avec un allant insatiable.
Vers des cieux éloignés
Elle annonçait son départ inévitable.

LES OISEAUX MIGRATEURS

Les oiseaux migrateurs
Perdent la boussole
Et trouvent leur bonheur
En Israël, dans les terres agricoles
Au lieu d'aller en Afrique, à leur heure.
Dans les champs, ils batifolent
Au grand dam des agriculteurs
Qui n'apprécient pas ces bestioles :
Ils ont peur
Des conséquences sur le tournesol
Le réchauffement climatique fait le malheur
Des paysans qui se désolent.

MERLE ET MERLETTE

Merle et merlette
Font la dînette :
Ils picorent avec soin
L'herbe du jardin
Ils évitent le chat
Qui les suit pas à pas
Ils ne se quittent jamais
Exécutant un gracieux ballet
Ils sont précieux
Pour nos yeux :
Nous les regardons bouche bée
Ils enchantent nos journées.

L'OIE

L'oie, dans la basse-cour
caquette avec entrain.
Elle se pavane à contre-jour
Dès le matin
Elle protège ses oisons avec amour
Des becs de ses voisins.
Elle accompagnera au four
Des mets succulents et fins.
Nous gardions les oies pour
Aider nos parents dans le besoin
Elles resteront toujours
Dans mes souvenirs enfantins.

DES ANIMAUX SAUVAGES
EN VOIE D'EXTINCTION

LES ÉLÉPHANTS

L'éléphant peut mieux
Entendre les sons dans les cieux
Provoqués par le déplacement
De nuages impatients.
Avant le tsunami,
Comme avertis
Les éléphants ont regagné les hauteurs
Pour éviter le malheur.
Les hommes eussent été bien inspirés
D'imiter leur comportement raisonné.
Les animaux ont un sixième sens
Qui leur épargne bien des tourments.

L'OURS POLAIRE

L'archipel du Svalbard
Est un territoire à part :
Là, l'ours polaire
Le plus grand prédateur de la terre
Se nourrit du phoque marbré,
Son mets préféré
Quand il ne peut chasser, la léthargie
Est pour lui une survie.
L'ours prospère, sur ce territoire
Car la femelle, six mois sans manger ni boire
Pourra s'occuper de ses deux oursons
Malgré sa diète, de toutes les façons.

LE RHINOCÉROS

Solitaire, il dort le jour
Mais la nuit, il est actif toujours.
Subtil est son odorat
Et très bonne audition il a
Il n'est pas agressif
Car il est très craintif
Mais s'il se sent menacé
Il attaque avec fermeté.
De feuilles, il se nourrit
De jeunes pousses d'arbre à l'infini
Son seul prédateur
Est l'homme, pour son malheur.

L'HIROLA

Entre le Kenya et la Somalie
L'antilope à « quatre yeux »
A une robe ocre qui se ternit
Avec l'âge. Ses yeux sont merveilleux.
Elle parcourt aujourd'hui
Les grandes plaines, en troupeaux audacieux.
La femelle s'isole pour donner vie
Et augmente la prédation de carnivores astucieux.
Face à l'élevage bovin, elle est en survie.
Protégée par un programme ambitieux
Quatre communautés territoriales ont établi
Des propositions pour qu'elle aille mieux.

LE PANDA ROUX

« Renard de feu » comme le surnomment les chinois
Son épaisse fourrure le protège du froid.
Craintif et timide, il a l'allure d'une peluche vivante
La frontière entre le Myanmar et le Boutan, il hante.
Mammifère sacré le plus mignon en 1825, le panda roux
Bien que carnivore, se nourrit de bambous.
Il mange aussi des racines, des œufs d'oiseaux
Il lui faut à proximité un point d'eau
De chênes et conifères, il est le danseur
Et se déplace entre 2 800 et 3 900 m de hauteur
Sensible à l'environnement, il est chassé
Pour sa viande et sa fourrure, il est braconné.

LE JAGUAR

Dans les forêts tropicales
De l'Amérique centrale
Et du Sud, le jaguar règne, solitaire
Il n'a pas l'esprit grégaire.
Il mord le crâne de sa proie
Celle-ci ne résiste pas.
L'ombre des feuilles d'arbre se joue
Sur son pelage, avec des rayures sur le cou,
Il chasse à l'aube et au crépuscule,
Se baigne dans l'eau, lors de la canicule.
Le jaguar est en danger
Car il est chassé.

LE GORILLE DES MONTAGNES

Animal le plus proche de l'humain
Il va chercher sa nourriture dès le matin
Il se nourrit de feuilles épineuses avec entrain
Il consomme surtout des fruits
Grâce à lui, la forêt revit
Il construit chaque nuit un nid.
Il est menacé d'extinction
Les zoos n'ont pas d'objectif de conservation
La maladie, la déforestation,
Les croyances locales, le rendent plus vulnérable
Aux braconniers, pourtant cet animal vénérable
Au poil long et soyeux est admirable.

LE LÉMURIEN DE MADAGASCAR

Parti d'Afrique sur un radeau
Il a colonisé la grande île,
Il se déplace par sauts
Ce primate arboricole est agile
Il ne mange pas que des végétaux
Mais des insectes malhabiles
Des fruits tropicaux.
Son odorat, ses yeux sont agiles
Ce sont des animaux sociaux
À la communication tactile
Pour le toilettage effectué par les plus jeunes animaux.
« Fantôme de la forêt », il est tué aussi par les
crocodiles.

NOS AMIES LES BÊTES

Les animaux de la Création
Sont nos compagnons :
Ils partagent nos peines, nos joies
Ils sont toujours là
À nous, ils s'abandonnent
Leur intelligence nous étonne.
Quand le jour s'éveille
Les oiseaux nous émerveillent
Leur chant mélodieux s'élève vers Dieu ;
Ils se mêlent à nos cris, nos chants
Pour s'adresser au Tout-Puissant.

Direction d'ouvrage :

« Dialoguer en poésie »
15 rue de Sardac 32700 Lectoure

http://pierre.leoutre.free.fr/dialoguerenpoesie

et avec le soutien de l'Association « Le 122 »
15 rue Jules de Sardac 32700 Lectoure

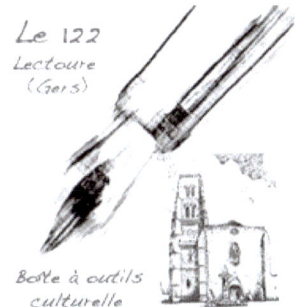

http://pierre.leoutre.free.fr

Éditeur :

Books on Demand GmbH,
12/14 rond-point des Champs Élysées,
75008 Paris, France

Impression :

Books on Demand GmbH, Norderstedt, Allemagne

ISBN : 9782322152056

Dépôt légal : février 2019

www.bod.fr